Herzlich willkommen!

Wir (Conny, Steffi, Barbara) sind selbstständige Beraterinnen für das Direktvertriebsunternehmen Pampered Chef®. Auf unseren Kochshows wurden wir immer wieder darauf angesprochen, ob es nicht eine Sammlung von leckeren Rezepten gibt, die wir auch selbst zu Hause für uns und unsere Familien kochen. Daraus entstand die Idee, ein Rezeptheft mit unseren Lieblingsrezepten zu kreieren.

Da der Zauberstein und der Große Ofenzauberer zu den beliebtesten Produkten gehören, haben wir uns entschieden, unser erstes Heft diesen beiden Bestsellern zu widmen. Das Ergebnis hältst Du nun in den Händen.

Wir wünschen Dir viel Spaß beim Nachkochen und freuen uns sehr über Kommentare und Anregungen!

Conny Steffi♡ Barbara

Noch ein kleiner Hinweis: Die Anweisungen in Klammern mit „TM“ sind für die Zubereitung mit dem Thermomix®.

Unsere Rezeptübersicht

LIEBLINGS-REZEPTE:
Conny Jolitz

LIEBLINGS-REZEPTE:
Steffi Ebbing

LIEBLINGS-REZEPTE:
Barbara Jakob

Stoneware von Pampered Chef®

Die Stoneware von Pampered Chef® ist ein einzigartiges Naturprodukt und besteht aus 100 % reinem, weißem Ton. Sie enthält keinerlei weitere Zusätze wie Blei oder Aluminium.

Die Stoneware wird in einem aufwendigen Herstellungsverfahren in den USA gefertigt und erzielt so einen besonderen Effekt: das Steinofenklima! Dieser Effekt unterstützt den Backprozess aktiv, es verschließt die Poren des Garguts wie bei einem scharfen Anbraten und konserviert die Saftigkeit im Inneren. So erzielt man ein einzigartiges Ergebnis: außen knusprig und innen locker und saftig. Die Stoneware gibt die Hitze im Backofen gleichmäßig ab, sodass nicht gewendet werden muss und eine gleichmäßige Bräunung sichergestellt ist. Sie hält das Gargut schön lange warm, sodass sie sich auch perfekt zum Servieren am Tisch eignet.

Die Stoneware ist schnitt- und kratzfest, Du kannst direkt mit dem Pizzarad oder einem Messer darin schneiden (Vorsicht: Messer können stumpf werden).

Sie ist gefrier- und mikrowellengeeignet und kann in allen konventionellen Backöfen bis zu einer maximalen Hitze von 230 °C verwendet werden. Bereits nach wenigen Anwendungen

bildet die Stoneware eine natürliche Antihaftbeschichtung, die Patina. Diese verhindert das Anhaften des Garguts und ist ideal für die fettarme, gesunde und moderne Küche.

Die wunderbaren Eigenschaften bieten völlig neue Möglichkeiten beim Kochen und Backen. Fleisch, Brot, Pizza - alles wird außen knusprig und innen saftig. Auch bei Gemüse und Kartoffelgerichten verstärkt die Stoneware den Eigengeschmack und die Röstaromen, ohne Einsatz von viel Fett oder Gewürzen. Gesundes, leckeres Essen mit wenig Aufwand gelingt ganz einfach mit der Stoneware von Pampered Chef®.

Ein paar Tipps zur Anwendung:
Die besten Ergebnisse erzielt man auf dem Backrost im Backofen auf der untersten Einschubleiste bei Ober-/Unterhitze. Die Backbleche hierfür aus dem Backofen entfernen, um den größtmöglichen Zirkulationsraum für den Dampf zu gewährleisten.

Die Stoneware sollte immer zu mindestens 80 % belegt werden und nicht ohne Belegung in den heißen Backofen gestellt werden. Am besten nur mit Wasser und Spülbürste reinigen, um die wertvolle Patina zu schonen.

Unsere verwendeten Produkte für dieses Kochbuch:

ZAUBERSTEIN

Der Zauberstein von Pampered Chef® ist die klassische Stoneware-Form für die tägliche Alltagsküche und ein direktes Ausrollen und Schneiden auf dem Stein ist durch den fehlenden Rand besonders gut möglich.

Der Zauberstein ist ideal für:

- Pizza & Flammkuchen
- Plätzchen
- Brötchen
- Tiefkühlkost wie Pommes, Kroketten, Rösti
- Kartoffelspalten
- Gemüse

Die Größe des Zaubersteins ist vergleichbar mit der Grundfläche handelsüblicher Standard-Backbleche.

Maße: 38 x 30 x 1 cm

GROSSER OFENZAUBERER „JAMES"

Der Große Ofenzauberer von Pampered Chef® ist ein vollwertiger Ersatz für handelsübliche Standard-Backbleche. Durch die großzügige Grundfläche und den Rand bietet er viele Einsatzmöglichkeiten.

Er ist ideal für:

- Blechkuchen aller Art
- große Mengen Schnitzel, Frikadellen, Bratwürstchen
- Ofengemüse
- All-in-One-Gerichte
- alles, was saftet und viel Fett oder Wasser enthält

Der Rand sorgt dafür, dass nichts herunterläuft und schützt deinen Ofen. Außerdem ist er perfekt geeignet, um Fleisch und Beilagen gleichzeitig zu garen.

Maße: 40,5 x 30 x 2 cm

Conny Jolitz

Ich lebe mit meiner Familie im schönen München. Wenn ich für Familie, Freunde oder nette Nachbarn backe oder koche, müssen die ausgewählten Rezepte schnell und einfach sein. Ich mag es gerne unkompliziert!

Pampered Chef® Produkte unterstützen meine Kochleidenschaft, denn damit geht mir alles noch leichter von der Hand. Gern bin ich auf Kochshows unterwegs, denn es macht riesig Spaß, die verblüfften Gäste zu sehen, wenn sie zum ersten Mal in einen Flammkuchen beißen, der super knusprig und trotzdem saftig ist.

Viel Freude beim Kochen und Backen wünscht Dir
Deine Miss Mixxi.

@ Miss Mixxi
E-Mail: missmixxi@gmx.de

Rahmfleckerl

TEIG

200 g Roggenmehl (Type 997/1150)
100 g Weizenmehl (Type 405)
5 g Salz
5 g frische Hefe
5 g Sauerteigpulver
10 g Olivenöl
175 g Wasser

BELAG

150 g Schinkenspeck
4 Frühlingszwiebeln in Ringen

KRÄUTERCREME

100 g Sauerrahm
100 g Crème fraîche
250 g Speisequark
1 Zehe Knoblauch, gepresst
etwas frische Kräuter nach Belieben, gehackt
etwas Salz, Pfeffer

Kräutercreme

1| Damit sich das Aroma der Kräuter gut entfalten kann, werden alle Zutaten für die Creme miteinander vermischt ***(TM: 20 Sek./ Stufe 4)*** und für mindestens 30 Minuten in den Kühlschrank gestellt.

Teig

2| Alle Teigzutaten miteinander vermischen und für mindestens 5 Minuten kneten ***(TM: 5 Min./Teigstufe)***.

3| In einer Schüssel zugedeckt 60 Minuten gehen lassen.

4| Backofen vorheizen auf 230 °C Ober-/Unterhitze.

5| Nach der Gehzeit den Teig in 4-5 Portionen teilen und auf dem Zauberstein länglich ausrollen. Der Teig soll am Rand etwas dicker sein.

6| Jetzt die Kräutercreme aus dem Kühlschrank nehmen und auf den Teig streichen. Den Rand dabei aussparen. Mit Speck belegen und in den vorgeheizten Ofen stellen.

7| Nach ca. 12 Minuten die Rahmfleckerl aus dem Ofen holen und mit den Frühlingszwiebeln bestreuen.

CONNYS TIPP: Die Rahmfleckerl lassen sich auch sehr gut mit anderen Sauerteig-Brotteigen herstellen.

Marinierter Rosenkohl

800 g Rosenkohl
1 Bio-Orange
3 Zweige Thymian
2 EL Olivenöl
1/2 TL Meersalz
1 EL Weißweinessig
1 EL Honig

1| Backofen vorheizen auf 220 °C Ober-/Unterhitze.

Marinade

2| Die Schale einer viertel Orange abreiben und mit Thymian, Öl, Essig und Salz in einer Schüssel mischen.

3| Den Rosenkohl waschen, halbieren und zur Marinade dazugeben.

4| Anschließend die Rosenkohlhälften mit der Schnittfläche nach unten auf den Großen Ofenzauberer legen. Für 13 Minuten rösten.

5| Die Orange auspressen, Saft mit dem Honig verrühren und auf dem Rosenkohl verteilen.
Weitere 5 Minuten rösten.

Hühnerhaxl (Hähnchenkeulen)

10-12 kleine Hähnchenkeulen
2 Bio-Limetten
4 EL Sojasauce
2 EL flüssiger Honig

Marinade

1| Von den Limetten die Schale abreiben und den Saft auspressen. Saft, Schale, Sojasauce und Honig miteinander verrühren. Die Hähnchenkeulen in der Marinade mindestens 30 Minuten einlegen.

2| Den Backofen vorheizen auf 200 °C Ober-/Unterhitze.

3| Die marinierten Hähnchenbeine auf dem Großen Ofenzauberer verteilen und ca. 30 Minuten knusprig backen.

Grillplatte

Fleisch je nach Geschmack: Wurst, Frikadellen, Schnitzel, Hähnchenkeulen u.ä.

1| Auf dem Großen Ofenzauberer oder dem Zauberstein kann man jede Art von Fleisch oder Wurst zubereiten.

2| Hierfür das Fleisch auf der Stoneware verteilen und für 25-30 Minuten bei 230 °C in den vorgeheizten Ofen geben.

3| Beim Schnitzel ist darauf zu achten, die Panade (am besten eignen sich selbstgemachte Semmelbrösel) kurz vor dem Braten dünn mit flüssiger Butter oder Öl zu bestreichen, damit sie braun und knusprig wird.

Schnelle Fleischpflanzerl (Frikadellen)

500 g Rinderhackfleisch
150 g Schmand
1 Pck. Zwiebelsuppe (Pulver)

1| Backofen vorheizen auf 230 °C Ober-/Unterhitze. Alle Zutaten gut miteinander vermengen ***(TM: 1 Min./ Knetstufe)***.

2| Aus der Masse gleich große Fleischpflanzerl formen (eher rund als flach).

3| Fleischpflanzerl auf den Großen Ofenzauberer legen und 25-35 Minuten (je nach Größe) backen.

Nuss- oder Zimtschnecken

TEIG
100 g Wasser
70 g Zucker
20 g frische Hefe
200 g Milch
700 g Dinkelmehl (Type 630)
1/2 TL Salz
2 Eier
70 g Öl

FÜLLUNG
120 g weiche Butter
200 g brauner Zucker
2-3 TL Zimt
optional 150 g gehackte Haselnüsse

TOPPING
120 g Frischkäse
60 g Butter
100 g Puderzucker
1 TL Vanillezucker

Teig

1| Das Wasser mit dem Zucker und der Hefe verrühren und 3 Minuten stehen lassen ***(TM: 3 Min./37 °C/Stufe 2)***.

2| Das Mehl, Milch, Salz, die Eier und das Öl zum Teig geben und mindestens 5 Minuten kneten ***(TM: 5 Min./Teigstufe)***. Nun den Teig abgedeckt 2 Stunden gehen lassen.

Zimtfüllung

3| Die Butter schmelzen ***(TM: 4 Min./70 °C/ Stufe 3)*** und mit dem Zimt und dem Zucker verrühren ***(TM: 20 Sek./Stufe 3)***.

Nussfüllung

4| Zur Zimtfüllung noch 150 g gehackte Haselnüsse hinzufügen.

5| Den Backofen auf 180 °C vorheizen.

6| Den Teig auf einer bemehlten Teigunterlage zu einem Rechteck ausrollen und mit der Zimt- oder Nussfüllung bestreichen. Den Teig aufrollen und in 2-3 cm breite Streifen schneiden. Die Schnecken auf den Großen Ofenzauberer legen und 15-20 Minuten backen.

Topping

7| Alle Zutaten in einer Schüssel miteinander verrühren ***(TM: 1 Min./ Stufe 4)*** und sofort auf den noch heißen Schnecken verteilen.

Zwetschgendatschi

1 TL Zucker
20 g frische Hefe
125 g Milch
350 g Dinkelmehl (Type 630)
50 g Butter, geschmolzen
1 Prise Salz
1 kg Zwetschgen
etwas Zucker und Zimt

1| Zucker, Hefe und Milch miteinander verrühren ***(TM: 2 Min./37 °C/Stufe 2)***. Danach Mehl, Salz und die Butter zugeben und 4 Minuten kneten ***(TM: 4 Min./Teigstufe)***.

2| Den Teig in eine Schüssel geben und mindestens 60 Minuten gehen lassen.

3| Währenddessen 1 kg Zwetschgen entkernen, vierteln und in eine Schüssel geben.

4| Backofen vorheizen auf 180 °C Ober-/Unterhitze.

5| Nach der Gehzeit den Teig auf dem Großen Ofenzauberer ausrollen. Dann die Zwetschgen in den Teig „dätschen" d. h. hineindrücken. Mit Zucker und Zimt bestreuen und ca. 25 Minuten backen.

CONNYS TIPP: Für einen leckeren Streuselbelag ganz einfach 175 g Mehl, 125 g Butter und 125 g Zucker miteinander vermengen und vor dem Backen auf den Zwetschgen verteilen.

Schoko-Cookies

160 g Butter
70 g Zucker
120 g brauner Zucker
1 Pck. Vanillezucker
1 Ei
270 g Weizenmehl (Type 405)
1 EL Kakao
1 EL Schokopuddingpulver
1 TL Backpulver
1/4 TL Salz
50 g Zartbitterschokolade
3 EL Haselnüsse, gehackt

1| Butter, Zucker, braunen Zucker, Vanillezucker und das Ei schaumig schlagen ***(TM: 2 Min./Stufe 4)***. Mehl, Kakao, Puddingpulver, Backpulver und Salz dazugeben und kräftig verkneten ***(TM: 30 Sek./Stufe 5)***.

2| Den Teig 60 Minuten ruhen lassen.

3| Den Backofen auf 180 °C vorheizen. Mit einem Portionierer walnussgroße Kugeln auf den Zauberstein setzen (Abstand lassen) und ca. 10 Minuten backen.

4| Die Schokolade im Wasserbad erhitzen und die Cookies damit verzieren. Haselnüsse darüberstreuen.

Apfelkuchen mit Mandelhaube

5-6 säuerliche Äpfel
1 Zitrone, entsaftet

TEIG
150 g Zucker
200 g Sahne
1 Pck. Vanillezucker
3 Eier
1 Prise Salz
300 g Dinkelmehl (Type 630)
2 TL Zitronenschale, gerieben
3 TL Backpulver

BELAG
150 g Butter
100 g Mandelblättchen
4 EL Milch
50 g Zucker
etwas Puderzucker

1| Backofen vorheizen auf 180 °C Ober-/Unterhitze.

2| Die Äpfel schälen und vom Kerngehäuse befreien. Mit einem Küchenhobel in feine Scheiben hobeln und in einer Schüssel mit dem Zitronensaft vermengen.

Teig

3| Sahne, Zucker, Vanillezucker, Eier und Salz schaumig schlagen ***(TM: 1 Min./Stufe 4)***.

4| Mehl, Backpulver und Zitronenschale unterrühren ***(TM: 20 Sek./Stufe 4)***.

5| Teig auf dem Großen Ofenzauberer verteilen und mit den Apfelscheiben belegen. 10 Minuten backen.

Belag

6| Die Butter schmelzen. Mandeln in einem Topf anrösten und die geschmolzene Butter dazugeben.

7| Zucker und Milch einrühren und einmal kurz aufkochen.

8| Die Mandelmasse auf dem vorgebackenen Kuchen verteilen und weitere 15-20 Minuten fertig backen.

9| Den Kuchen abkühlen lassen und mit Puderzucker bestäuben.

CONNYS TIPP: Dieses Rezept von meiner Kollegin Susanne Gawlik habe ich auf meinem Youtube-Kanal verfilmt.

Apfelchips

3-4 Äpfel

1| Backofen vorheizen auf 140 °C Ober-/Unterhitze.

2| Äpfel schälen und sehr dünn hobeln. Die einzelnen Scheiben auf der Stoneware verteilen und in den Ofen schieben.

3| Ab und zu die Ofentür öffnen, damit die Feuchtigkeit entweichen kann.

4| Nach ca. 20 Minuten die Scheiben vom Zauberstein „abziehen" und wenden. Nach weiteren 10 Minuten sind die Chips fertig.

CONNYS TIPP: Bei diesem Rezept lassen sich gut „alte" Äpfel verwerten. Ich nehme immer unsere Weihnachtsbaumäpfel, die sonst nicht mehr gegessen werden.

Steffi Ebbing

Für mich ist das kreative Arbeiten in der Küche ein toller Ausgleich zum stressigen Berufsleben.

Durch Zufall bin ich auf Pampered Chef® gestoßen und die Produkte sind eine Bereicherung in der Küche. Egal ob Backform aus Stoneware oder ein pfiffiger Küchenhelfer, wie Teigroller oder Schaber, mit Pampered Chef® macht das Arbeiten gleich noch mal so viel Spaß und die Backergebnisse sind einfach traumhaft. Durch das Benutzen der Backformen kam dann ganz automatisch das Schreiben von Rezepten mit dazu und diese möchte ich in diesem Buch mit Dir teilen.

Viel Spaß beim Nachbacken!
Deine Steffi

@ Steffi kocht und backt
E-Mail: steffi@ebbing-tm.de
www.ebbing-tm.de

Knäckebrot

(Für 2 Zaubersteine)
130 g Dinkelvollkornmehl
130 g kernige Haferflocken
130 g gemischte Körner (z. B. Sesam, Sonnenblumenkerne, Kürbiskerne)
1,5 TL Salz
50 g Öl
400 g Wasser

1 | Alle Zutaten in einer Schüssel miteinander vermischen ***(TM: 10 Sek./Linkslauf/Stufe 4)***. 60 Minuten quellen lassen. Zauberstein dünn einfetten

2 | Backofen vorheizen auf 160 °C Umluft.

3 | Die Hälfte der Masse so dünn es geht auf den Zauberstein streichen. Falls gewünscht, noch ein paar Saaten darüberstreuen.

4 | Nun 20 Minuten backen, dann mit einem Pizzaschneider in Stücke schneiden und nochmals 25-30 Minuten weiter backen, bis die Stücke ganz „trocken" sind. Abkühlen lassen und das Knäckebrot in einer luftdichten Dose aufbewahren, so bleibt es lange knusprig und frisch.

STEFFIS TIPP: Ich nehme zum Verstreichen der Masse eine Streichpalette oder einen Silikonschaber, das klappt super.

Himmlischer Rotwein-Kirsch-Kuchen

2 Tafeln Schokolade (200 g) nach Wahl
200 g Haselnüsse, gemahlen
200 g Zucker
250 g Weizenmehl (Type 405)
40 g Kakao-Getränkepulver
1 Pck. Vanillezucker
1 Pck. Backpulver
5 Eier
200 g Rotwein
200 g Butter, weich
1 Prise Salz
1 Glas Sauerkirschen, abgetropft
etwas Puderzucker

1| Backofen vorheizen auf 180 °C Ober-/Unterhitze.

2| Schokolade fein reiben ***(TM: 6 Sek./Stufe 6)*** und mit den Haselnüssen, Zucker, Mehl, Kakaopulver, Backpulver, Vanillezucker, Salz, Eier, Rotwein und der weichen Butter gut vermengen ***(TM: 2 Min./Stufe 7)***.

3| Die Teigmasse auf dem Großen Ofenzauberer verstreichen. Die Kirschen gleichmäßig darauf verteilen. Im Ofen 45 Minuten backen (Stäbchenprobe).

4| Nach dem Backen mit Puderzucker bestreuen.

STEFFIS TIPP: 200 g Kuvertüre hacken (TM: 20 Sek./Stufe 6), schmelzen (TM: 6 Min./60°C/Stufe 2) und mit 100 g Sahne verrühren. Die Kuvertüre über den Kuchen geben und mit gehackten Pistazien bestreuen.

Knusprige Brötchenknoten

10 g frische Hefe
1 Prise Zucker
300 g Wasser
450 g Weizenmehl
(Type 405/550)
2 TL Salz
2 EL gutes Olivenöl

1| Hefe mit einer guten Prise Zucker auflösen und mit lauwarmen Wasser (nicht über 40 °C) vermischen ***(TM: 3 Min./37 °C/ Stufe 2)***.

2| Restliche Zutaten zugeben und ca. 4-5 Minuten kneten ***(TM: 4 Min./ Knetstufe)***.

3| Eine Schüssel mit Mehl ausstreuen. Weichen Teig hineingeben und bemehlen.

4| Den Teig über Nacht bei Zimmertemperatur abgedeckt gehen lassen.

5| Am nächsten Morgen den Backofen auf 220 °C Ober-/Unterhitze vorheizen.

6| Den Teig auf eine bemehlte Backmatte geben und mit den Händen flach drücken. Nicht mehr kneten!

7| Mit einem Teigroller ein Rechteck ausrollen und in ca. 8-10 Streifen schneiden. Aus den Teigstreifen jetzt Knoten formen und auf den eingefetteten oder bemehlten Zauberstein legen.

8| Brötchen im Backofen 25-30 Minuten backen.

Speck-Lauch-Kuchen vom Blech

TEIG

300 g Weizenmehl (Type 405)
150 g Butter, weich
100 g Wasser
1 TL Salz

FÜLLUNG

250 g Speckwürfel
1 Gemüsezwiebel, fein gewürfelt
2 Stangen Lauch, gewaschen und in feine Ringe geschnitten
1 TL Gemüsebrühpulver
etwas Salz, Pfeffer
250 g Käse, je nach Geschmack (z. B. Gouda, Edamer, Bergkäse ...)

EIMASSE

1 Knoblauchzehe
400 g Schmand
180 g Milch
5 Eier
etwas Salz, Pfeffer, Muskatnuss (gerieben)

1| Backofen vorheizen auf 200 °C Ober-/Unterhitze und Backrost auf unterster Schiene einschieben.

Teig

2| Aus allen Zutaten mit einer Küchenmaschine oder Knethaken einen geschmeidigen Teig herstellen ***(TM: 3 Min./ Knetstufe)***.

3| Den Großen Ofenzauberer gut einfetten, den Teig darauf ausrollen und einen Rand hochziehen.

Füllung

4| Speck und Zwiebeln in einer großen Pfanne andünsten. Den Lauch dazugeben und mit Salz, Pfeffer und dem Gemüsebrühpulver würzen. Ca. 5-8 Minuten dünsten lassen, immer wieder umrühren. Füllung auf dem Teig verteilen.

Eimasse

5| Knoblauchzehe in eine Schüssel pressen ***(TM: 3 Sek./Stufe 6)***. Alle restlichen Zutaten und Gewürze unterrühren ***(TM: 30 Sek./Stufe 4)***.

6| Die Eimasse über die Füllung geben und gleichmäßig verteilen. Käse reiben ***(TM: 8 Sek./ Stufe 8)*** und auf die Eimasse geben. 50-60 Minuten im Ofen backen.

Empanada Grande (Hackfleischkuchen)

2 Zwiebeln
2 Knoblauchzehen
3 EL Öl
500 g Rinderhackfleisch
2 EL Ajvar
1 TL Salz
1 TL Pfeffer
2 TL Paprikapulver
1 TL Rosmarin, gehackt
180 g geröstete Paprika aus dem Glas, gut abgetropft
20 g Jalapeño-Chilis aus dem Glas
3 EL Paniermehl
2 Pck. Blätter- oder Pizzateig
100 g Cherrytomaten, in Scheiben geschnitten oder geviertelt
200 g Cheddar-Käse, gerieben
1 Ei, verquirlt

1| Zwiebeln und Knoblauch fein hacken ***[TM: 4 Sek./Stufe 5]***. Den Käse reiben ***[TM: 5 Sek./Stufe 8]*** und zur Seite stellen.

2| Pfanne mit 3 TL Öl erhitzen und die Zwiebeln und den Knoblauch glasig dünsten. Hackfleisch und Ajvar dazugeben und mit den Gewürzen abschmecken.

3| Paprika und Jalapeños klein schneiden ***[TM: 3 Sek./Stufe 5]***, in die Pfanne geben und ca. 5 Minuten braten. Das Paniermehl zu der Masse geben, kurz unterrühren und vom Herd nehmen.

4| Backofen vorheizen auf 200 °C Ober-/Unterhitze.

5| Den Großen Ofenzauberer dünn einfetten und 1 Pck. Blätterteig darauf ausrollen. Die Hackfleischmasse auf den Blätterteig geben und 2 cm am Rand frei lassen. Cherrytomaten darauf verteilen und den Käse darüberstreuen.

6| Die zweite Lage Blätterteig etwas größer ausrollen, damit die obere Lage komplett die untere bedeckt. Den Rand gut verschließen und mit einer Gabel den Blätterteig mehrmals einstechen. Mit dem verquirlten Ei komplett bestreichen.

7| In den Backofen geben und ca. 30 Minuten auf unterster Einschubleiste backen und noch warm servieren.

STEFFIS TIPP: Dieses leckere Rezept eignet sich hervorragend für Gäste, da man es gut vorbereiten kann und es dann schnell serviert ist.

Pizza mit gegrillter Paprika, Feta und Rauke

(Ergibt 2 Pizzen)

TEIG

20 g frische Hefe
210 g lauwarmes Wasser
1 Prise Zucker
430 g Weizenmehl (Type 550)
1 TL Salz
3 EL Olivenöl

BELAG

250 g Crème fraîche
3 EL Ajvar (mild oder scharf)
300 g gegrillte Paprika aus dem Glas
2 rote Zwiebeln, halbiert und in Ringe geschnitten
100 g Fetakäse, zerbröselt
etwas Pfeffer (frisch gemahlen), Salz
80 g Rauke/Rucola

Teig

1| Die Hefe mit einer Prise Zucker im Wasser verrühren und 10 Minuten stehen lassen ***(TM: 3 Min./ 37 °C/ Stufe 2)***. Mehl, Salz, Öl und Hefewasser in eine Schüssel geben und alles zu einem glatten Teig verkneten ***(TM: 4 Min./ Knetstufe)***.

2| Die Schüssel abdecken und an einem warmen Ort mindestens 60 Minuten gehen lassen. (Alternativ kann auch ein fertiger Pizzateig aus dem Kühlregal genommen werden.)

3| Backofen vorheizen auf 230 °C Ober-/Unterhitze.

4| Die Hälfte des Teigs auf dem ganz leicht gefetteten Zauberstein ausrollen.

Belag

5| Crème fraîche mit Ajvar vermischen und die Hälfte der Masse auf dem Teig verteilen.

6| Die gegrillte Paprika gut abtropfen lassen und in Streifen schneiden. Zusammen mit der Zwiebel jeweils die Hälfte auf den Teig geben. Den Fetakäse zerbröseln und die Hälfte darüberstreuen, mit frischem Pfeffer und Salz würzen. Im Backofen 17-20 Minuten backen.

7| Die Pizza aus dem Backofen holen und mit frischer Rauke belegen. Guten Appetit!

STEFFIS TIPP: Die Menge des Belages richtet sich nach dem Geschmack.

Mediterrane Ofen-Quetsch-Kartoffeln mit spanischer Aioli

1,5 kg große Kartoffeln
etwas Meersalz, grob
1,5 EL Zweige Rosmarin, abgezupft und gehackt
4 EL Olivenöl
80 g geriebener Käse (Edamer, Gouda, Feta, Parmesan ...)
120 g getrocknete Tomaten in Öl
3 Frühlingszwiebeln
etwas Petersilie, Salz, Pfeffer

AIOLI
6 EL Crème fraîche
2 Knoblauchzehen, gepresst
3 EL Mayonnaise
etwas Zitronensaft, weißer Pfeffer, Salz

1| Kartoffeln waschen und abbürsten und in Salzwasser gar kochen (ca 30-35 Minuten).

2| Backofen vorheizen auf 200 °C Umluft.

3| Den Großen Ofenzauberer einfetten und die Kartoffeln gleichmäßig darauf verteilen. Mit einem Stampfer oder Topfboden nun die Kartoffeln platt quetschen.

4| Rosmarin, Salz, Pfeffer und Olivenöl auf die gequetschten Kartoffeln geben und nun 20 Minuten im Backofen knusprig backen. Anschließend den Käse über die Kartoffeln streuen und weitere 10 Minuten im Backofen garen.

5| In der Zwischenzeit die Tomaten etwas klein schneiden, die Frühlingszwiebeln in feine Ringe schneiden und die Petersilie grob hacken.

6| Für die Aioli alle Zutaten gut vermengen und abschmecken.

7| Nach der Backzeit den Großen Ofenzauberer aus dem Backofen nehmen. Aioli auf die Kartoffeln geben und mit Tomaten, Frühlingszwiebeln und Petersilie bestreuen.

STEFFIS TIPP: Schmeckt auch sehr lecker mit Rucola, Fetakäse und gebratenen Pilzen!

Hähnchenbrust mit Kartoffeln

800 g Hähnchenbrustfilet
800 -1000 g Drillinge (kleine Kartoffeln mit Schale)
1 EL Pommes-frites-Gewürz

MARINADE
3 EL Teriyakisauce
1 EL Brathähnchengewürz
1 EL Öl
1 EL Honig

Marinade

1| Teriyakisauce, Hähnchengewürz, Öl und Honig miteinander verrühren und mit dieser Marinade das Hähnchenfilet 1 Stunde marinieren.

2| Backofen vorheizen auf 220 °C bei Ober-/ Unterhitze

3| Drillinge-Kartoffeln in der Mikrowelle oder auf dem Herd ca. 10 Minuten vorgaren.

4| Großen Ofenzauberer einfetten.

5| Marinierte Hähnchenfilets auf den Stein legen. Die Kartoffeln halbieren und mit dem Pommesgewürz würzen. Mit der Schnittfläche nach unten auf den Großen Ofenzauberer legen.

6| Den Großen Ofenzauberer in den Backofen geben und alles 30-35 Minuten backen.

7| Aus dem Backofen nehmen, Hähnchen fächerartig aufschneiden und servieren.

Pfirsich-Flammkuchen

(Ergibt 2 Flammkuchen)

TEIG

210 g lauwarmes Wasser
20 g frische Hefe
1 Prise Zucker
430 g Weizenmehl (Type 550)
1 TL Salz (gestrichen)
3 EL neutrales Öl

BELAG

150 g Schmand
150 g Aprikosenaufstrich
3 EL brauner Zucker
4-5 Pfirsiche
4 Hafer-Schoko-Cookies

Teig

1| Die Hefe mit einer Prise Zucker im Wasser verrühren und 10 Minuten stehen lassen ***(TM: 2 Min./37 °C/Stufe 2)***. Mehl, Salz, Öl und Hefe-Wasser in eine große Schüssel geben und alles zu einem glatten Teig verkneten ***(TM: 4 Min./Knetstufe)***. Deckel auf die Schüssel geben und an einem warmen Ort ca. 30-60 Minuten gehen lassen.

2| Backofen vorheizen auf 230 °C Ober-/Unterhitze.

Belag

3| Schmand und Fruchtaufstrich verrühren. Pfirsiche waschen, halbieren und in dünne Spalten schneiden.

4| Zauberstein dünn einfetten. Den Flammkuchenteig halbieren und auf dem Stein ausrollen. Die Hälfte der Schmand-Frucht-Mischung auf dem Teig verteilen, die Hälfte der Pfirsiche daraufgeben und mit 1,5 EL braunem Zucker bestreuen. Die übrig gebliebenen Zutaten für einen zweiten Flamm kuchen verwenden.

5| Im Backofen ca. 20-25 Minuten backen.

6| Die Haferkekse zerbröseln und die Hälfte nach dem Backen über den Flammkuchen streuen.

7| Schmeckt pur, mit Eis oder Sahne.

Schneller Quark-Streuselkuchen mit Obst

TEIG/ STREUSEL

250 g Butter
250 g Zucker
1 Pck. Vanillezucker
1 Ei
Prise Salz
500 g Weizenmehl (Type 405)
1 Pck. Backpulver

BELAG

1 kg Magerquark
1 Pck. Vanillepuddingpulver
200 g Zucker
2 Eier
1 Zitrone, entsaftet
(alternativ: Zitronenaroma)
2 große Dosen Aprikosen

1| Backofen vorheizen auf 200 °C Ober-/Unterhitze.

Teig/Streusel

2| Butter in kleinen Stücken, Zucker, Vanillezucker, Ei, Salz, Backpulver und Mehl zu Streuseln verarbeiten ***(TM: 10 Sek./ Stufe 5)***.

3| Zwei Drittel der Streusel auf den Großen Ofenzauberer geben, die Streusel andrücken oder mit einem Teigroller verdichten.

Belag

4| Quark, Vanillepuddingpulver, Zucker, Ei und Saft der Zitrone mit dem Schneebesen verrühren ***(TM: 30 Sek./Stufe 6, ggf. erneut anstellen)*** und auf den Streuselteig streichen. Mit Obst nach Wahl belegen und restliche Streusel darauf verteilen.

5| Im Backofen ca. 50-60 Minuten goldgelb backen.

STEFFIS TIPP: Dies ist ein Grundrezept, das sich mit beliebigen Obstsorten (z.B. Kirschen, Johannisbeeren, Mandarinen) variieren lässt.

Barbara Jakob

Ich bin Jahrgang 1972, wohne mit meiner Familie in Ingolstadt und Kochen und Backen sind meine ganze Leidenschaft. Mit der Stoneware von Pampered Chef® habe ich ganz neue Möglichkeiten entdeckt und kann meine Kreativität voll ausleben. Ich verwende gern frische, saisonale Produkte direkt vom Erzeuger und genieße es, neue Rezeptideen auszutüfteln.

Meine Rezepte sind häufig etwas experimentell und von meinen vielen Reisen inspiriert.

Manchmal packt mich das Kochfieber und ich verbringe ein ganzes Wochenende in der Küche. Das ist für mich genauso erholsam wie ein Wochenende im Wellnesshotel.

Viel Spaß beim Nachkochen und Genießen!
Deine Barbara

@BabsGenussküche
E-Mail: barbara.jakob83607@gmail.com

Knusperstangen mit Bergkäse und Bündnerfleisch

1 Pck. Blätterteig
100 g Bergkäse
50 g Bündnerfleisch
1 Eigelb
2 EL Milch

1 | Backofen vorheizen auf 210 °C Ober-/Unterhitze.

2 | Blätterteig aus der Verpackung nehmen, ausrollen und die Platte mit verquirltem Eigelb und Milch bestreichen.

3 | Bergkäse mit der feinen Reibe reiben und auf der linken Hälfte der Platte verteilen. Bündnerfleisch auf dem Käse verteilen.

4 | Die rechte Teigplatten über die belegte Hälfte klappen. Mit dem Pizzaschneider in ca. 2 cm breite Streifen schneiden. Die Streifen in sich verdrehen und auf den Zauberstein legen.

5 | Mit dem restlichen Ei-Milch-Gemisch bestreichen und ca 18-20 Minuten goldbraun backen. Warm oder kalt genießen.

Chia-Baguette

30 g Chiasamen
400 g Wasser
20 g frische Hefe
400 g Weizenmehl (Type 405)
100 g Roggenmehl
2 TL Salz

BARBARAS TIPP:
Statt der Chiasamen können auch andere Kerne hinzugefügt werden, z. B. Leinsamen, Sonnenblumenkerne, Sesam.

1| Chiasamen mit 80 g Wasser mischen und ca. 30 Minuten quellen lassen.

2| Die restlichen Zutaten mit 320 g Wasser miteinander ca. 3 Minuten verkneten ***(TM: 3 Min./Teigstufe)***.

3| Gequollene Chiasamen dazugeben und noch einmal 3 Minuten kneten ***(TM: 3 Min./Teigstufe)***. Ca. 2 Stunden abgedeckt gehen lassen.

4| Backofen vorheizen auf 220 °C Ober-/Unterhitze.

5| Den Teig dritteln, jeweils mit etwas Mehl zu einem Rechteck ausrollen und von der langen Seite her eng aufrollen und zu Baguettes formen. Die drei Baguettes auf den Zauberstein setzen und ca. 25-30 Minuten backen.

6| Durch die Chiasamen wird das Baguette wunderbar knusprig und locker.

Chicken Nuggets

(ergibt ca. 2-3 Portionen)

350 g Hühnerbrust

200 g Cornflakes

1 TL Salz

1 Ei

1 TL Paprikapulver

1 TL Wasser

1| Backofen vorheizen auf 220 °C Ober-/Unterhitze.

2| Die Hühnerbrust in mundgerechte Stücke schneiden.

3| Die Cornflakes etwas klein hacken ***(TM: 2-3 Sek./ Stufe 4)***. In eine große Schüssel mit Deckel umfüllen.

4| Das Ei mit den Gewürzen und dem Wasser verrühren ***(TM: 10 Sek./Stufe 4)***. Das Hühnchen dazugeben und vermengen ***(TM: 10 Sek./Linkslauf/Stufe 4)***.

5| 10 Minuten ruhen lassen.

6| Das Hühnchen zu den Cornflakes geben, den Deckel schließen und die Schüssel kräftig schütteln, um die Panade gleichmäßig zu verteilen.

7| Die Hähnchenstücke auf den Zauberstein legen und ca. 12-15 Minuten knusprig backen.

Pizzaschnecken „Asia“

TEIG

300 g Weizenmehl (Type 405)
15 g frische Hefe
1 TL Backmalz
1 EL Olivenöl
1 TL Salz
150 g Wasser

FÜLLUNG

200 g Schmand
2 Frühlingszwiebeln in Ringen
1/2 frische Ananas, geschält und gewürfelt (alternativ aus der Dose)
1/2 TL Salz
1 EL Currypulver
1 TL Paprikapulver
1 TL Zucker
etwas Pfeffer
1 Hähnchenbrust, klein gewürfelt
1/2 Bund Koriander, gehackt
100 g Käse (z.B. Cheddar oder Bergkäse)

Teig

1| Alle Zutaten für den Pizzateig zu einem geschmeidigen Teig kneten ***(TM: 3 Min./Knetstufe)***.

2| Ca. 30 Minuten gehen lassen.

3| Backofen vorheizen auf 230 °C Ober-/Unterhitze.

4| Pizzateig zu einem Quadrat von ca. 30 x 40 cm ausrollen.

Füllung

5| Schmand, Frühlingszwiebeln, Ananas und Gewürze miteinander vermischen.

6| Hähnchenbrustwürfel und Koriander untermengen und auf dem Pizzateig verteilen. Käse über die Füllung reiben.

7| Von der Längsseite aufrollen und mit dem Pizzaschneider in ca. 3 cm starke Scheiben schneiden. Die Scheiben dicht an dicht auf den Großen Ofenzauberer setzen und ca. 30 Minuten backen.

Hähnchenbrust mit Spinat-Käse-Füllung

2 Zwiebeln, gehackt
1-2 Knoblauchzehen, gehackt
1 EL Olivenöl
200 g frischer junger Spinat, gewaschen und trocken geschüttelt
100 g Ziegenfrischkäse
etwas Salz, Pfeffer, Muskat
4-5 Hähnchenbrüste
2 EL Olivenöl
etwas Salz, Pfeffer, Paprikapulver
3-4 Tomaten, klein gewürfelt

1| Zwiebeln und Knoblauch im Olivenöl glasig dünsten. Die geschmorten Zwiebeln mit dem Spinat kurz bei hoher Hitze anbraten, bis der Spinat zusammengefallen ist.

2| Den Spinat abtropfen und etwas abkühlen lassen.

3| In einer Schüssel mit dem Ziegenkäse verrühren und mit den Gewürzen abschmecken.

4| Backofen vorheizen auf 180 °C Ober-/Unterhitze. Die Hähnchenbrüste abwaschen, trocken reiben und ca. 6-7 Mal fächerartig ein-, aber nicht durchschneiden. Die Spinat-Käse-Masse in den Einschnitten verteilen.

5| Öl mit den Gewürzen verrühren und die Hähnchenbrüste damit bestreichen.

6| Das gefüllte Fleisch auf den Großen Ofenzauberer legen und ca. 25-30 Minuten backen. 10 Minuten vor Ende der Garzeit die klein gewürfelten Tomaten dazugeben.

7| Mit Kartoffeln oder Reis genießen.

Schlemmer-Fischfilet mit Ofenkartoffeln

OFENKARTOFFELN

5-7 Kartoffeln, geschält, klein geviertelt
3 EL Olivenöl
etwas Paprikapulver, Curry, Salz, Pfeffer

SCHLEMMERKRUSTE

1 Knoblauchzehe
30 g frische Kräuter (Rosmarin, Thymian, Dill ...)
1 altes Brötchen, in Stücken
200 g Gouda
1 Zwiebel
1-2 Tomaten
1 EL Senf
30 g Olivenöl
1 TL ital. Kräuter/Pizzagewürz
1/2 TL Salz
1/2 TL Pfeffer
etwas Zitronensaft

6-8 Fischfilets, frisch oder aufgetaut (Kabeljau, Rotbarsch, Seelachs, Pangasius ...)
etwas Salz, Pfeffer, Zitronensaft

1| Backofen vorheizen auf 220 °C Ober-/Unterhitze.

Ofenkartoffeln

2| Kartoffeln kurz mit kaltem Wasser überbrausen und gut trocknen. Olivenöl mit den Gewürzen mischen und die Kartoffeln darin wälzen. Auf dem Großen Ofenzauberer großzügig verteilen und im Ofen ca. 10 Minuten backen. Die Form immer mindestens zu 2/3 belegen.

Schlemmerkruste

3| Für die Kruste die Knoblauchzehe und die Kräuter hacken ***(TM: 8 Sek./Stufe 8)***. Brötchen dazugeben, zerkleinern ***(TM: 15 Sek./Stufe 8)*** und umfüllen. Gouda grob reiben ***(TM: 10 Sek./Stufe 5)*** und ebenfalls umfüllen.

4| Zwiebel und Tomaten klein würfeln ***(TM: 5 Sek./Stufe 5)***. Senf, Olivenöl, Gewürze, Zitrone, Kräuter-Paniermehl und den geriebenen Käse dazugeben und alles miteinander zu einer groben Paste vermischen ***(TM: 10-15 Sek./Stufe 3)***.

5| Fischfilets kräftig mit Salz, Pfeffer und Zitronensaft würzen und mit der Paste bedecken.

6| Die Kartoffeln etwas zusammenschieben und die Schlemmerfilets zu den Kartoffeln auf den Großen Ofenzauberer setzen.

7| Ca. 30 Minuten backen. Garprobe für die Kartoffeln mit Hilfe eines kleinen Messers machen. Wenn die Kartoffeln noch zu hart sind, die Backzeit um etwa 5 Minuten verlängern.

Spiegeleier mit Speck

6-10 Eier
1-2 Pck. Frühstücks-Speck in Scheiben oder Würfeln
etwas Pfeffer, Paprikapulver, frischer Schnittlauch

1| Backofen vorheizen auf 230 °C Ober-/Unterhitze.

2| Den Speck auf dem Großen Ofenzauberer gleichmäßig verteilen. Dabei darauf achten, dass mindestens 2/3 der Fläche belegt ist.

3| Den Speck so lange im Ofen backen, bis er anfängt zu brutzeln und sich wellt (ca. 7-10 Minuten).

4| Die Eier auf den Speck schlagen und noch mal so lange braten, bis sie die gewünschte Festigkeit haben (ca. 5-10 Minuten).

5| Die Eier aus dem Ofen nehmen und mit Pfeffer, Paprikapulver und Schnittlauch bestreuen.

6| Auf der Stoneware werden die Eier und der Speck lange warm gehalten und trocknen nicht aus.

Hinweis:
Der Große Ofenzauberer sollte mit mindestens 8-10 Eiern verwendet werden. Für kleinere Menge einfach eine kleinere Stoneware Variante nehmen.

Der Zauberstein ist hierfür eher ungeeignet, da der Speck sehr viel Fett abgibt und das Fett dann in den Ofen laufen kann.

BARBARAS TIPP: Man kann auch den Speck auf der Stoneware zur Seite schieben und die Eier daneben im heißen Speckfett braten.

Schweinsöhrchen mit Apfelkompott

1 Pck. Blätterteig
2 Äpfel
3 EL Zucker
1/2 TL Zimt
1/2 Bio-Limette, nur Abrieb
etwas Zimtzucker
(4 EL Zucker und
2 TL Zimt gemischt)
etwas zerlassene Butter
etwas Puderzucker

1| Die Äpfel schälen, entkernen und vierteln und anschließend grob reiben ***(TM: 5 Sek./Stufe 5)***.

2| Zucker, Zimt und Limettenschale dazugeben und ca. 10 Minuten lang zu einem Kompott kochen ***(TM: 10 Min./100 °C/ Stufe 1)***. Anschließend grob pürieren ***(TM: 5 Sek./ Stufe 7)*** und abkühlen lassen.

3| Backofen vorheizen auf 220 °C Ober-/Unterhitze.

4| Den Blätterteig auf einer Backmatte glatt auslegen und die Mitte (ausgehend von der langen Seite) mit einem Messer markieren.

5| Die Teigplatte mit zerlassener Butter bestreichen und mit Zimtzucker bestreuen. Anschließend das Apfelkompott darauf verteilen.

6| Von beiden Seiten bis zur Markierung aufrollen, sodass die typische Schweinsohren-Form entsteht. In ca. 2 cm dicke Scheiben schneiden. Mit zerlassener Butter bestreichen und ca. 23-25 Minuten auf dem Zauberstein backen. Abkühlen lassen und mit Puderzucker bestreuen.

7| Bei uns sind die Schweinsohren immer so schnell weg, dass ich grundsätzlich die doppelte Menge backe.

BARBARAS TIPP: Das Schneiden der Schweinsöhrchen geht etwas einfacher, wenn die fertig gefüllte Teigrolle vorher 20-30 Minuten im Gefrierschrank war.

Rhabarberkuchen mit Baiser

150 g Butter
2 EL Vanillezucker
150 g Zucker
5 Eier
150 g Weizenmehl (Type 405)
2 TL Backpulver
1 Bio-Limette, nur Abrieb
1 Pck. Vanillepudding zum Kochen
35 g Stärkemehl
700 g Rhabarber
175 g Zucker
1 TL Limettensaft

BARBARAS TIPP:
Schmeckt auch super mit Johannisbeeren!

1| Butter, Vanillezucker und 150 g Zucker schaumig rühren ***(TM: 2 Min./ Stufe 4)***.

2| 3 Eier trennen, Eiweiß kalt stellen. 3 Eigelb und 2 ganze Eier nach und nach zu der Butter-Zuckermasse geben (pro Ei 10 Sekunden Rührzeit).

3| Mehl, Backpulver, Limettenabrieb, Puddingpulver und Stärkemehl kurz unterheben ***(TM: 10 Sek./Stufe 4)***.

4| In den Großen Ofenzauberer füllen und glatt streichen (alternativ eignet sich auch eine mittlere Stoneware, z. B. rechteckige Ofenhexe® oder Großer Bäker®, dann wird der Kuchen und das Baiser höher).

5| Ofen auf 180 °C Ober-/ Unterhitze vorheizen.

6| Rhabarber schälen und in 3 cm lange Stücke schneiden. Auf dem Teig gleichmäßig verteilen und den Kuchen ca. 45 Minuten goldgelb backen.

7| Kurz vor Ende der Backzeit das Eiweiß mit etwas Salz 2 Minuten steif schlagen.

8| 175 g Zucker einrieseln lassen und weiter zu einer lockeren Masse schlagen.

9| Limettensaft untermischen. Das Baiser ist eher cremig als fest und schön glänzend.

10| Das Baiser auf dem Rhabarber verteilen und noch mal 15 Minuten backen.

11| Abkühlen lassen.

Notizen: